Sandra Friederich

Hessische Kommunalverfassung

GRIN Verlag

Bibliografische Information der Deutschen Nationalbibliothek:

Die Deutsche Bibliothek verzeichnet diese Publikation in der Deutschen National-
bibliografie; detaillierte bibliografische Daten sind im Internet über http://dnb.d-
nb.de/ abrufbar.

Impressum:

Copyright © 2008 GRIN Verlag GmbH
Druck und Bindung: Books on Demand GmbH, Norderstedt Germany
ISBN: 978-3-640-78433-2

Dieses Buch bei GRIN:

http://www.grin.com/de/e-book/163824/hessische-kommunalverfassung

GRIN - Your knowledge has value

Der GRIN Verlag publiziert seit 1998 wissenschaftliche Arbeiten von Studenten, Hochschullehrern und anderen Akademikern als eBook und gedrucktes Buch. Die Verlagswebsite www.grin.com ist die ideale Plattform zur Veröffentlichung von Hausarbeiten, Abschlussarbeiten, wissenschaftlichen Aufsätzen, Dissertationen und Fachbüchern.

Besuchen Sie uns im Internet:

http://www.grin.com/

http://www.facebook.com/grincom

http://www.twitter.com/grin_com

HESSEN

Die hessische Kommunalpolitik

Sandra Friederich

Inhaltsverzeichnis

1. Einleitung

Ziel dieser Hausarbeit im Rahmen des Seminars „Politik im Mehrebenensystem: Die Kommunen im politischen System" ist es die

Kommunalpolitik speziell in Hessen näher zu erläutern, da Hessen stets von anderen Bundesländern durch seine Magistratsverfassung abweicht.

Im zweiten Kapitel gehe ich auf die allgemeine Kommunalpolitik in Deutschland ein und unterscheide hier zwischen den vier Systemen der kommunalen Verfassungstypen in Deutschland.

Hiernach gehe ich im dritten Kapitel näher auf Hessen ein.

Hier schaue ich mir zuerst allgemein das kommunale Geschehen in Hessen an, sowie die historische Entwicklung dessen. Danach beschäftige ich mich zum Abschluss noch einmal mit den beiden wichtigsten Institutionen: die Gemeindevertretung und der Gemeindevorstand.

2. Kommunalpolitik im föderalistischen System der Bundesrepublik

a) Allgemein

Kommunalpolitik ist eine Sammelbezeichnung für die politischen Einrichtungen, politischen Prozesse und sachlichen Angelegenheiten der örtlichen Gemeinschaften[1]. Rechtliche Grundlage für die kommunale Selbstverwaltung bildet in Deutschland der Artikel 28 Absatz 2 im Grundgesetz, in welchem steht: „ Den Gemeinden muss das Recht gewährleistet sein, alle Angelegenheiten der örtlichen Gemeinschaft im Rahmen der Gesetze in eigener Verantwortung zu regeln. Auch die Gemeindeverbände haben im Rahmen ihres gesetzlichen Aufgabenbereiches nach Maßgabe der Gesetze das Recht der Selbstverwaltung." Dieser Absatz schreibt generell das kommunale Selbstverwaltungsrecht und den damit eingebundenen Föderalismus von Bund, Ländern und Gemeinden fest.

Die innere Kommunalverfassung, welche die Art, die Zusammensetzung und das Zustandekommen der Gemeindeorgane und damit die unterschiedlichen Typen von Kommunalverfassung bezeichnet, ergibt sich aus den Regelungen der jeweiligen Landesverfassungen und Gemeindeordnungen.[2]

Generell ist zu sagen, dass Kommunalpolitik Ländersache ist, da die Gemeinden zur Ebene der Länder gehören und dadurch die

---

1   Schubert, Klein, Politik – Das Politiklexikon[4],Kommunalpolitik, Bonn 2006, Seite 160
2   Schubert, Klein, Politik – Das Politiklexikon[4],Kommunalverfassung, Bonn 2006, Seite 160

Rahmenbedingungen für die Gemeinde durch die Länder festgesetzt wird.

Die Länder üben Aufsicht und Kontrolle über die Gemeinden aus.

Da jedes Land die Möglichkeit auf eine eigene Kommunalverfassung hat, gibt es auch viele unterschiedliche Formen von Kommunalpolitik.

Im Großen und Ganzen konnte man diese Formen in vier Verfassungstypen unterscheiden, welche sich heute jedoch nach der Reform von 1990 nicht mehr so stark von einander abgrenzen, wie sie es früher getan haben.

b) Die vier kommunalen Verfassungstypen in Deutschland[1]:

- Süddeutsche Ratsverfassung (Baden-Württemberg, Bayern)
- Norddeutsche Ratsverfassung (Niedersachsen, Nordrhein-Westfalen)
- Magistratsverfassung (Hessen, Städte Schleswig-Holsteins)
- Bürgermeisterverfassung (Rheinland-Pfalz, Saarland, Landgemeinden Schleswig-Holstein)

Im folgenden gehe ich näher auf die einzelnen Typen kommunaler Verfassung ein:

<u>Die Süddeutsche Ratsverfassung:</u>

Hier hat der Bürgermeister eine sehr starke Stellung. Ihm stehen die drei wichtigsten Führungsfunktionen zu:

Der Bürgermeister ist der stimmberechtigte Vorsitzende des Rats und aller seiner Ausschüsse; außerdem ist er der Chef einer monokratischen Verwaltung und sowohl auch der Repräsentant und Rechtsvertreter der Gemeinden.

Der Bürgermeister wird durch eine Direktwahl vom Volk gewählt. Hierdurch haben die Bürger eine direkte Beteiligung am Geschehen. Ebenfalls wird die Durchsetzungskraft des Bürgermeisters verstärkt, da er sich auf den Volkswillen berufen kann.[2]

In Bayern und Baden-Württemberg existiert ein kommunales Wahlsystem. Hier haben die Wähler so viele Stimmen, wie Sitze im Rat vergeben werden.

Außerdem haben die Wähler die Möglichkeit ihre Stimmen zu häufeln (kumulieren) und Kandidaten von einer auf die andere Liste zu überschreiben (panaschieren).

---

1 Hans-Georg Wehling/ Andreas Kost, Kommunalpolitik in den deutschen Ländern, Kommunalpolitik in der Bundesrepublik Deutschland- eine Einführung, Wiesbaden 2003, Seite 1

2 Hans-Georg Wehling/ Andreas Kost, Kommunalpolitik in den deutschen Ländern, Kommunalpolitik in der Bundesrepublik Deutschland- eine Einführung, Wiesbaden 2003, Seite 11

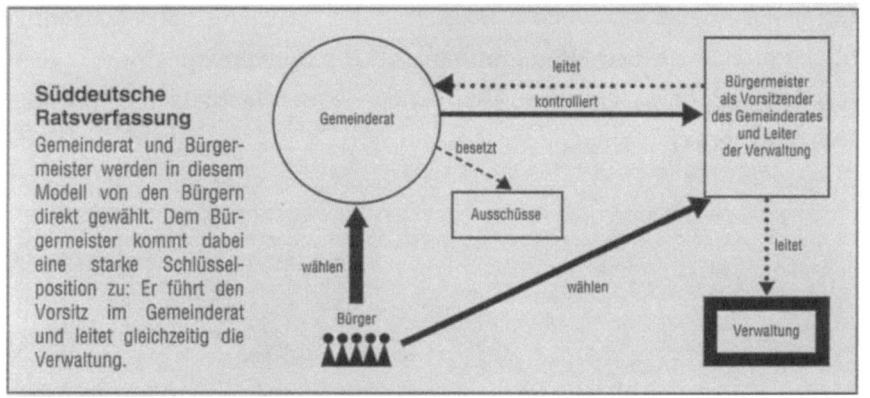

(Grafik entnommen aus Informationen zur politischen Bildung 242: Kommunalpolitik, Hans-Georg Wehling, München 1998)

Die Norddeutsche Ratsverfassung:

Die Norddeutsche Ratsverfassung ist der Gegentyp zur eben bereits ausgeführten Süddeutschen Ratsverfassung.

Hier existiert ein starker Rat und ein verhältnismäßig schwacher Verwaltungschef, welcher keinen eigenen politischen Willen besitzt und dadurch nur ein Werkzeug des Rates ist.1

Die drei hauptsächlichen Führungsfunktionen (Vorsitz im Rat, Leitung der Verwaltung und Vertretung der Gemeinde) werden hier von zwei Amtsinhabern der Gemeinde vertreten.

Der Vorsitzende des Rats, sowie der Vorsitzende der Ausschüsse, werden direkt aus ihrer Mitte heraus gewählt. Der Vorsitzende des Rats erhält hierdurch die Bezeichnung (Ober-)Bürgermeister.

Die Verwaltung wird vom Gemeindedirektor geleitet, welcher der Oberstadtdirektor der Stadt ist. Dieser wird gewählt vom Rat und kann auch von diesem mit qualifizierter Mehrheit wieder abberufen werden.

Die Aufgabe der Repräsentation der Gemeinde trägt der Bürgermeister in Zusammenarbeit mit dem Verwaltungschef, welcher für die Rechtsvertretung verantwortlich ist.

Durch die viele Machtaufteilung wird die Verantwortung in einzelnen

---

1 Hans-Georg Wehling/ Andreas Kost, Kommunalpolitik in den deutschen Ländern, Kommunalpolitik in der Bundesrepublik Deutschland- eine Einführung, Wiesbaden 2003, Seite 11

Angelegenheiten sehr undurchsichtig: In einem so genannten „Bermudadreieck"[1] von Bürgermeister, Oberstadtdirektor und dem Vorsitzenden der dominierenden Ratsfraktion werden Aufgaben vom einen Zuständigkeitsbereich oft in den der anderen verlagert.

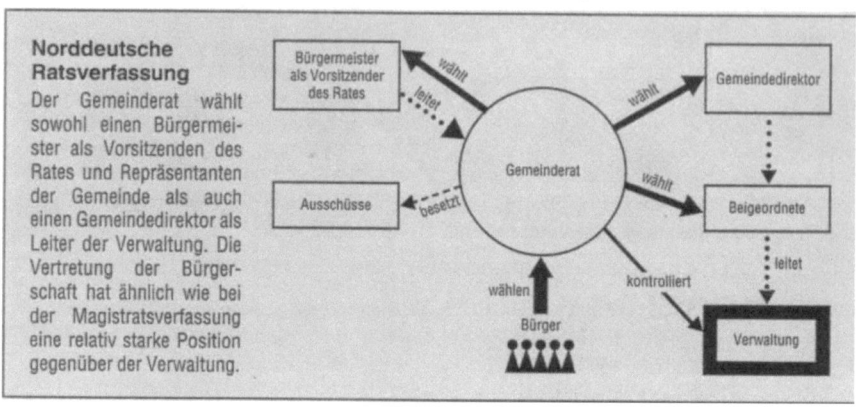

(Grafik entnommen aus Informationen zur politischen Bildung 242: Kommunalpolitik, Hans-Georg Wehling, München 1998)

Die Magistratsverfassung:

Die Magistratsverfassung ist ein gewaltenteiliges Modell, welches dem parlamentarischen System sehr nahe kommt.

Hierbei wäre die Stadtverordnetenversammlung die Volksvertretung und der Magistrat der Oberbürgermeister.

Charakteristisch für diese Verfassung ist der so genannte Magistrat, welcher sich aus dem Bürgermeister und den Beigeordneten zusammen setzt, welche gleichberechtigte Mitglieder unter dem Vorsitz des Bürgermeisters sind.

Unterschiede findet man hier in Hessen und Schleswig-Holstein: In Hessen gibt es eine Unvereinbarkeit der Mitgliedschaft in der Stadtverordnetenversammlung und dem Magistrat, wohin gegen in Schleswig-Holstein beides miteinander vereinbar ist.

Der Oberbürgermeister ist hier die Leitung der Verwaltung, er ist jedoch gegenüber den anderen Ratsmitgliedern ein primus inter pares[2] und somit ist

---

1 Hans-Georg Wehling/ Andreas Kost, Kommunalpolitik in den deutschen Ländern, Kommunalpolitik in der Bundesrepublik Deutschland- eine Einführung, Wiesbaden 2003, Seite 11
2 Primus inter pares (lat.) = Erster unter Gleichen. Er ist ein Mitglied einer Gruppe, das dieselben Rechte inne hat, wie

er den Mehrheitsbeschlüssen des Magistrats unterworfen. In Hessen hat der Bürgermeister jedoch durch die Direktwahl das Recht bekommen, seine abweichende Meinung trotzdem nach außen deutlich zu machen.

In Hessen wurde bislang der Rat auf 4 Jahre und der Bürgermeister auf 6 Jahre verpflichtend gewählt. Die Hessische Gemeindeordnung erlaubt jedoch in Gemeinden von über 50 000 Einwohnern, dass innerhalb von sechs Monaten nach dem Zusammentritt der neuen Stadtverordnetenversammlung Magistratsmitglieder mit einfacher Mehrheit abgewählt werden dürfen und durch neue ersetzt werden können.

Hiermit schlägt die Magistratsverfassung die Richtung der Parlamentarisierung von Kommunalpolitik ein.

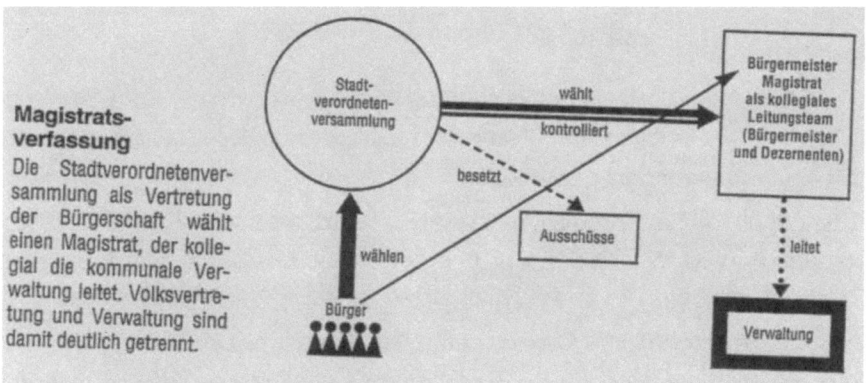

(Grafik entnommen aus Informationen zur politischen Bildung 242: Kommunalpolitik, Hans-Georg Wehling, München 1998)

Die Bürgermeisterverfassung:

In Rheinland-Pfalz und im Saarland hat der Bürgermeister wesentlich die selbe Kompetenz wie in der Süddeutschen Ratsverfassung. Jedoch wird er hier nicht vom Volk gewählt, sondern vom Rat. Seit der Einführung der Direktwahl in beiden Ländern ist dieser Unterschied jedoch hinfällig geworden.

Interessant ist außerdem, dass in Rheinland-Pfalz die Gemeinden mit mindestens 15 000 Einwohnern zwei hauptamtliche Beigeordnete haben. Dies zeigt in Richtung Magistratsverfassung: ein formeller Stadtvorstand mit (Ober-

---

alle anderen auch, aber trotzdem eine erhöhte Ehrenstellung genießt. Bei Stimmgleichheit ist seine Stimme ausschlaggebend.

) Bürgermeister und Beigeordneten besteht.

Es ist noch zu erwähnen, dass die neuen Bundesländer sich von diesen vier Verfassungstypen abspalten. Nach der deutschen Einigung haben sie von dem Recht Gebrauch gemacht, sich eine jeweils eigene Gemeindeordnung zu verschaffen. Hier haben jedoch die Partnerländer sehr großen Einfluss, da sie stets versuchen, ihre eigenen Wunschvorstellungen zu realisieren. Die Partnerländer sind darauf bedacht, dass eine Fortschreibung des Modells ihres eigenen Heimatlandes in dem Bundesland Einzug erhält.

3. Kommunalpolitik in Hessen

a) Allgemein

Hessen hat sich nach seiner Entstehung 1945 für die Magistratsverfassung entschieden. Trotz wechselnder Regierungskoalitionen im Landtag ist diese im Kern bis heute unverändert geblieben.

Durch die Magistratsverfassung distanziert sich Hessen von der allzu starken Stellung des Bürgermeisters zur Zeit des dritten Reiches geltenden deutschen Gemeindeordung (1935).[1]

In der Demokratisierungsnovelle in den 90er Jahren hat man versucht die Vielzahl der Gemeindeordnungen zu einem einheitlichen Grundtyp mit unterschiedlicher Ausprägung zusammen zu fassen.

Von nun an hatten die Bürger mehr Mitspracherecht durch das Bürgerbegehren, den Bürgerentscheid, die unmittelbare Wahl des Hauptverwaltungsbeamten und das Panaschieren und Kumulieren, welches bei der Wahl des Kommunalparlaments den Wählenern half, einzelne Persönlichkeiten stärker zu berücksichtigen.

In Hessen gibt es 426 Gemeinden und 21 Landkreise, davon dürfen sich 186 Städte nennen.

Die fünf Großstädte Darmstadt, Frankfurt, Kassel, Offenbach am Main und Wiesbaden sind kreisfrei. Sie haben sowohl die Aufgaben der Gemeinde als auch die des Kreises.

---

1   Ulrich Dreßler, Ulrike Adrian, Hessische Kommunalverfassung[17],Einführung, Wiesbaden 2005, Seite 1

Ebenfalls gibt es sieben Sonderstatus-Städte, welche mehr als 50.000 Einwohner besitzen: Bad Homburg, Fulda, Gießen, Hanau, Marburg, Rüsselsheim und Wetzlar. Diese Städte haben die Verpflichtung der Aufgaben der Kreisebene auf ihrem Hoheitsgebiet.

Die Kommunen wurden durch Gesetz in drei höhere Kommunalverbände zusammengeschlossen: Den 1953 gegründeten Landeswohlfahrtsverband Hessen, den 1972 gegründeten Verband Raum Kassel und den 2000 entstandenen Planungsverband Ballungsraum Frankfurt Rhein-Main. Diese drei Kommunalverbände setzen sich aus Vertretern der Kommune zusammen.

Im Jahre 1970 gab es eine Gebietsreform auf kommunaler Ebene um Effektivität der Gemeinde und der Kreisverwaltung zu steigern. Somit wurden aus 39 Landkreisen nur noch 21 Landkreise.

In den 57 Gemeinden Hessens, welche mehr als 20 000 Einwohner haben, leben mehr als die Hälfte der Bevölkerung, welche sich gesamt auf circa 6 Millionen beläuft. Hiervon lebt 1/5 in kreisfreien Städten. Der Bevölkerungsschwerpunkt liegt in Südhessen.

Eine Sonderstellung in Hessen nimmt die Stadt Frankfurt am Main mit ihren 650.000 Einwohnern ein. Mit ihren 93 Mandatsträgern besitzt sie das größte Kommunalparlament.

Seit 1952 ist Wiesbaden die Landeshauptstadt Hessens. Wiesbaden wurde ausgewählt, weil hier nur circa 25 % der Stadt zerstört wurden und sie somit immer noch die ansehnlichste, repräsentative Wirkung für Hessen hatte.

Innerhalb Hessen gilt die Magistratsverfassung für 256 Gemeinden. Diese ist auch noch in der zum Stadtstaat Bremen gehörenden Seestadt Bremerhaven, außerhalb Hessen, zu finden.

b) Historische Entwicklung:

Die Anfänge der modernen Selbstverwaltung gehen auf die preußische Städteordnung vom 19.11.1808 zurück. Diese legt die so genannte unechte Magistratsverfassung fest. Zunächst galt diese nur in einzelnen Städten, die schon in der ersten Hälfte des 19. Jahrhunderts zu Preußen gehörten. Nach dem Krieg 1866 schloss Preußen jedoch auch Kurhessen, Nassau, Frankfurt, Hessen-Homburg sowie Teile von Hessen-Darmstadt ein. Im Jahre 1929 kam hierzu auch noch Waldeck.

Die Grundstruktur des preußischen Kommunalverfassungsrechts blieb auch erhalten, als das allgemeine, gleiche, geheime und unmittelbare Wahlrecht eingeführt wurde.

Ein einschneidendes Erlebnis brachte die Machtübernahme der Nationalsozialisten mit sich: durch die Deutsche Gemeindeordnung wurde das Führerprinzip auf der kommunalen Ebene verankert. Hiermit hatte der Bürgermeister jegliche Entscheidungsgewalt inne. „Beigeordnete als Vertreter des Bürgermeisters waren zwar möglich, jedoch stand es dem Bürgermeister frei, jede Angelegenheit zu jeder Zeit an sich zu ziehen."[1]

Nach der Kapitulation Deutschlands führten die Besatzungsmächte zunächst die Bildung von zwei Ländern ein: Hessen-Nassau und Hessen-Darmstadt.

Dies blieb bis zum Jahre 1945, als General Eisenhower die Gründung eines einheitlichen Landes „Groß-Hessen" verkündete.

Die Landesregierung, die von den Besatzungsmächten eingesetzt wurde, nannte sich erste Hessische Landesregierung. Diese erließ bereits am 21.12.1945 die Groß-Hessische Gemeindeordnung. Somit war Hessen das erste Bundesland nach der Kapitulation mit eigener Gemeindeordnung.

Die Besatzungsmacht wollte in Hessen schnell demokratische Elemente einführen und somit kam es schon im Jahre 1946 zur ersten Kommunalwahl.

Am 1.12.1946 nahm das Volk durch Volksabstimmung die Landesverfassung an und wählte gleichzeitig den ersten Landtag.

Aus Gründen der Zeitknappheit nahm man für die Groß-Hessischen Gemeindeordnung die Vorlage der Deutschen Gemeindeordnung von 1935 und löschte hieraus jegliche Elemente des Nationalsozialismus.

Nach dem In-Kraft-Treten des Grundgesetzes 1949 war die Zustimmung der Besatzungsmacht nicht mehr nötig. Somit wuchs in Hessen die Überzeugung, dass die oberflächlich bearbeitete Ordnung von 1935 nicht mehr genüge und durch eine neue Gemeindeordnung ersetzt werden müsse.

Im Jahre 1952 beschloss der zweite Hessische Landtag die bis heute geltende Gemeindeordnung. Die Magistratsverfassung wurde als Regelfall festgelegt und den hessischen Kommunen unter 3000 Einwohnern wurde das Recht

---

1 Dreßler, Ulrich, Kommunalpolitik in den deutschen Ländern, Kommunalpolitik in Hessen, hg. von Wehling, Hans-Georg, Wiesbaden 2003, Seite 134

zugestanden, statt dessen die Bürgermeisterverfassung zu wählen. Dieses Recht bestand allerdings nur bis 1976. Seither gilt die Magistratsverfassung einheitlich für alle hessischen Gemeinden. Eingeführt wurde ebenfalls die unmittelbare Wahl der Ortsbeiräte, die Bürgerversammlung zur Unterrichtung über wichtige gemeindliche Angelegenheiten, der Bürgerantrag, sowie der Grundsatz der Öffentlichkeit auch bei Ausschusssitzungen.

Mitte der achtziger Jahre spürte man in Hessen den Höhepunkt der Polarisierung der Kommunalpolitik. Nun durfte in Städten mit mehr als 50.000 Einwohnern die hauptamtlichen Mitglieder des Verwaltungsorgans mit einer Zwei-Drittel-Mehrheit abberufen werden.

Das Jahrzehnt darauf, die Neunziger, sind gezeichnet von mehreren Demokratisierungsnovellen. Um die „Politikverdrossenheit" (Wort des Jahres 1992) zu bekämpfen, wurden die Kommunalsysteme der einzelnen Bundesländer in Richtung des Kommunalsystems Baden-Württembergs reformiert, da dieses als besonders bürgernah galt. Somit wurden in Hessen „die Direktwahl der Bürgermeister und Landräte, der Bürgerentscheid auf Gemeindeebene und „flexible Listen" bei der Wahl der kommunalen Körperschaften eingeführt."[1] Jedoch wurden die Hauptmerkmale der bisherigen hessischen Verfassung beibehalten: das Magistrat.

c) Die Organe

I Die Gemeindevertretung (in Städten: Stadtverordnetenversammlung)

Die Gemeindevertretung ist ein Organ der Selbstverwaltungskörperschaft und laut der HGO das oberste Organ der Gemeinde. Sie trägt die rechtliche und politische Verantwortung dafür, wie die Geschicke der Gemeinde gelenkt werden sollen.

Die Gemeindevertreter sind die Repräsentanten des Volkes. Sie werden von den wahlberechtigten Bürgern alle fünf Jahre neu gewählt.

Die Aufgaben der Gemeindevertretung sind folgende:

- Verabschiedung und Änderung des gemeindlichen Ortsrechts

---

[1] Hans-Georg Wehling/ Andreas Kost, Kommunalpolitik in den deutschen Ländern, Kommunalpolitik in der Bundesrepublik Deutschland- eine Einführung, Wiesbaden 2003, Seite 136

- die Festsetzung des Gemeindehaushalts
- die Wahl der Beigeordneten

Die Beschlussfassung findet in den Sitzungen statt, welche mindestens alle zwei Monate abgehalten werden müssen. Dies basiert auf dem Grundsatz der repräsentativen Demokratie, verankert in Art 28 Abs. 1 S.2 GG.

Die Beschlüsse bedürfen nicht der Zustimmung des Verwaltungsorgans (in Städten: des Magistrats). Somit ist die Hessische Kommunalverfassung eine so genannte unechte Magistratsverfassung. Die Gemeindevertretung trifft die wichtigen Entscheidungen für die Gemeinde.

Bereits im Jahre 1950 wurde den Bürgern das heute benutzte bürgerfreundliche Wahlrecht zugestanden: das Kumulieren und Panaschieren. Jedoch hat der Gesetzgeber noch ein halbes Jahrhundert an der starren Listenwahl, die den Parteien mehr Einfluss einräumt, festgehalten.

II Der Gemeindevorstand (in Städten: Magistrat) und der Bürgermeister

Der Gemeindevorstand ist ein Kollegialorgan. Es setzt sich aus Wahlbeamten, dem Bürgermeister und mindestens zwei von der Gemeindevertretung zu wählenden Beigeordneten zusammen.

Der Bürgermeister ist hierbei nur Erster unter Gleichen. Seine Stimme wiegt genauso viel, wie die Stimmen der Anderen. Jedoch bei Stimmengleichheit ist die Stimme des Bürgermeisters ausschlaggebend.

Ebenfalls typisch für die Magistratsverfassung ist, dass der Bürgermeister und die Beigeordnete mit eigenem Geschäftsbereich (Dezernenten) selbständige Verwaltungsgeschäfte erledigen können.

Die Beigeordneten werden in der Regel von der Gemeindevertretung nach den Grundsätzen der Verhältniswahl für die Dauer ihrer fünfjährigen Wahlperiode gewählt.

Wichtig ist zu erwähnen, dass der Bürgermeister in diesem System nicht völlig machtlos ist. Er kann, insofern er eine Abstimmungsniederlage erhält in einer öffentlichen Sitzung der Gemeindevertretung seine persönliche Meinung vertreten. Außerdem kontrolliert er die Beschlüsse des Gemeindevorstands, als auch der Gemeindevertretung darauf, ob sie das Wohl der Gemeinde gefährden. Dem Bürgermeister fallen auch noch die Aufgaben der Ordnungsbehörde zu.

Der Bürgermeister ist nur vom Volk abwählbar. Er wird für eine Amtsperiode von sechs Jahren gewählt.

4.Fazit

Zum Schluss kann man sagen, dass Hessen eine gute Entscheidung getroffen hat, sich nicht völlig nach der Baden-Württembergischen Verfassung auszurichten. Hierdurch kann Hessen in einer Mittlerposition zwischen den zwei unterschiedlichen Kommunalpolitik-Stilen von Nord- und Süddeutschland stehen.

5. Literaturverzeichnis:

Sekundärliteratur:

Hans-Georg Wehling/ Andreas Kost, Kommunalpolitik in den deutschen Ländern, Kommunalpolitik in der Bundesrepublik Deutschland- eine Einführung, Wiesbaden 2003

Dreßler, Ulrich, Kommunalpolitik in den deutschen Ländern, Kommunalpolitik in Hessen, hg. von Wehling, Hans-Georg, Wiesbaden 2003, Seite 134

Schubert, Klein, Politik – Das Politiklexikon[4],Kommunalpolitik, Bonn 2006

Zeitschriften:

Informationen zur politischen Bildung 242: Kommunalpolitik, Hans-Georg Wehling, München 1998